Bernd-Lutz Lange

KAFFEEPAUSE

Collagen von Sylvia-Marita Plath

Bernd-Lutz Lange

KAFFEEPAUSE

Texte für zwischendurch

FORUM VERLAG LEIPZIG

KAPITULATION IM MAI

OPA ERZÄHLT

Früher
war alles anders.
Da verloren
die Bäume
nur im Herbst
ihre Blätter.

NICHT WUNDERN!

Wenn Sie am Wasser sitzen, und die pure Stille ist zu hören, dringen doch manchmal ganz zarte Geräusche an Ihr Ohr. Direkt aus dem Wasser. Das ist die sich herumtreibende Kleinlebewelt ohne Eigenbewegung, die solche Töne erzeugt. Nehmen Sie sich die Zeit, und genießen Sie die Planktöne!

DÄMMERUNG

Der Tag
hängt sein verschwitztes Hemd
in die Bäume
und geht sich am Bach
waschen.

Schwarz
wie die Nacht
kehrt er zurück.

Umweltprobleme gibt es nur, solange es eine Umwelt gibt.

Wer sich heutzutage Asche aufs Haupt streuen will, geht mal schnell vor die Tür.

Freiraum: Nun besitzt er eine Parzelle.

Zum Glück sterben mit den Wäldern auch die Hinterwäldler.

KAPITULATION IM MAI

Der Schornstein,
als Parlamentär,
hißt einen
weißen Wolkenwimpel.
Schließt Frieden
mit dem Kohlenhändler.

WALDSTEINGARTEN

Ein bronzenes Pferd bäumt sich auf.
Vielleicht ist eine Schlange im Garten.
Vögel streichen durchs Gesträuch.
Wasser kreiselt.
Blätter atmen tief.
Eine satte Raupe wartet auf Hunger.
Liebespärchen sonnen ihre Gefühle.
Alte Bäume lugen über die Mauer.
Nymphen verharren im Tanz.
Erinnerungen knirschen im Kies.

MÄRZ

Uns blüht doch einiges!
Noch gibt uns die Natur
nicht auf.

SOMMERTAG

Wie Noten
kleben Spatzen
auf den Drähten.
Ich will mir
eine Flöte schnitzen
und spielen,
wie die Spatzen sitzen.

BEOBACHTUNG

Katzen
hatzen
Spatzen.
Tatzen!
Schmatzen...

SOMMER AUF DEM BALKON

Ein Käfer
kämpft sich
durch das Unterholz
meines behaarten Beins.
Die Sonne schickt den Schatten
der Palme an die Wand.
Die Katze
schließt die Augen.
Eine Wolke
schwatzt
mit der Kastanie.
Ergießt den Redestrom
ins Laub.

So idyllisch
leb´ ich im Sommer
auf meinem
behördlicherseits
für tot erklärten Balkon.

DAS ALTE STILLEBEN

Eine Versammlung hoher Köstlichkeiten.
Den Vorsitz haben die ausgezeichneten Erdbeeren.
Sie erteilen der kernigen Melone das Wort.
Die berichtet auf ihre saftige Art.
Ein Apfel bekommt vor Aufregung rote Wangen.
Auch die Birne glüht.
Der samtene Pfirsich besänftigt eine weinende
Traube.
Die Johannisbeeren sind sauer.
Sie fordern Abstimmung!
Der Beschluß wird angenommen:

Kampf dem Obstsaft!

POLIZEIBERICHT ÜBER DIE MITTAGSSTUNDE IN EINER STADT

Ein trunkener Falter
überfliegt
die Kreuzung
bei Rot.

FACE – LIFTING

KAFFEEHAUS

Hier halt ich meine Welt an.
Soll die andre sich doch drehn!
Ich sitze.
Träume den Wölkchen im Marmor nach.
Der Gang zwischen den Tischen:
Laufsteg für die Kellnerin.
Zeitungen rascheln herbstlich.
Die schönen Frauen schlagen die Beine
übereinander.
Seit Jahrzehnten.
Aufgeregte Männer verschweppern ihren Kaffee.
Das kann mir nicht pass

BEWEIS

Heinrich VIII. / Mick Jagger / Jean-Jaques Rousseau / Willy Messerschmidt / Antoine de Saint-Exupèry / Peter Alexander / Marc Chagall / Gustav Mahler / Lion Feuchtwanger / Ferdinand Sauerbruch / Louis Armstrong / Georges Pompidou / Franz Kafka / Bill Haley / Hanns Eisler / Herbert Wehner / Peter Paul Rubens. All diese Männer sind, wie ich, im Sternbild des Krebses geboren. Seitdem ich das weiß, erscheint mir die Bedeutung der Astrologie in besserem Licht!
Unglaublich, wie ähnlich wir uns sind!

SCHÖNHEIT

Natürlich ist das eine prima Sache mit dem Face-Lifting!
Schwupp, wird die Gesichtshaut gestrafft, und man sieht wieder aus wie auf dem alten Foto!
Aber es runzelt ja nicht nur das Antlitz dahin! Was nützen am FKK glatte Stirn und Wangen, wenn sich der Körper anderswo in Falten legt!?
Also: Body-Lifting wäre nun langsam angesagt! Die überflüssige Haut einfach unter die Fußsohlen ziehen! Da kann man sie sich ablaufen...

DIE PARTY KURZ VOR MITTERNACHT

Die Dame des Hauses offeriert letztmalig
im langen Kleid Ausschnitt, Aufschnitt
und Schweinsrücken.
Auf kleiner Flamme kreiselt still ein Rest Soljanka.
Der Gurke schwindelt schon im Topf.
Zu einem Wolfgang sagt ein blondes Weib
zum dritten Male Gerhard.

Intellektuelle erörtern die Probleme des Alkoholismus grundsätzlich unter Alkohol.

Wer aufgibt, hat mehr vom Leben.

Verwandte sehen einen oft so unverwandt an.

Jeder Mensch hat eine Hoffnung, die die böse Ahnung des anderen ist.

Wenn sich manche Leute in ihrem Büro einmal anrufen müßten, merkten sie erst, wie schlecht sie zu erreichen sind!

In vielen Behörden sind Pförtner die freundlichsten Menschen.
Leider geben sie nur Auskunft, wo die unfreundlichen sitzen.

AUTOGENES TRAINING

Rechter Arm ist schwer.
Linker Arm ist schwer.
Beide Arme sind schwer.
Beide Beine sind schwer.
Beide Füße sind schwer.
Ach Scheiße, Mensch,
alles ist schwer.

DIE FOTOGRAFIN

Allem Augenschein nach
eben noch freundlich mit mir
im Gespräch,
gerät ihr das Auge
plötzlich zur Linse,
und ihr Lid macht klick.

BERUFSVERKEHR

Im dicke vollen Linienbus:
Ein Mädchen steht auf meinem Fuß.
Sie steht ganz nah und lächelt still.
Mir scheint, daß sie mich küssen will.
In der Kurve wird's vollbracht:
ich neige mich zu ihr ganz sacht.
Und zärtlich küssen wir uns beide,
derweil ich unten etwas leide.

VIERZIG

So viele Träume
sind nun ausgeträumt.
Der Stoff wird knapp.
Es fehlt an Phantasie.
Der letzte ist
erst unlängst weggeschäumt.
Mit meinem Innenleben
bin ich nun – per Sie.

EIN SEGEN

Ein Wort an die männlichen Leser!

Für alle, die es schon immer gern wissen wollten, aber sich nicht getrauten, zu fragen:

Stimmt der Spruch von Sachsen, wo die hübschen Mädchen wachsen?

Liebe Männer! Ja, er stimmt!

Wenn Sie's nicht glauben – fahren Sie nach Dresden, Grimma und Zwickau, schauen Sie in diese Gesichter, erleben Sie sächsischen Charme und Chic.

Die modebewußte Sächsin "macht was aus sich".

Oft geben Kleinigkeiten den besonderen Pfiff: der Schal, die Brosche, der Gürtel.

Perfekter habe ich das nur in Polen erlebt.

Der Polin Reiz ist unerreicht!

Aber dann kommt die Sächsin.

Ich weiß, wovon ich rede, schließlich bin ich mit einer verheiratet.

Vielleicht gibt es da zwischen Sachsen und Polen eine aus der Historie stammende, noch nicht aufgearbeitete Verbundenheit. Schließlich war August der Starke König von Polen und Kurfürst von Sachsen!

Welchen Anteil die männlichen Sachsen an den schönen Sächsinnen haben – das fällt mir schwer zu beurteilen. Wenn ich manchmal unsereins so betrachte... aber dafür haben wir jede Menge innere Werte!

Im besten Fall ist die Sächsin die ideale Kombination von Mutter, Arbeitnehmerin, Hausfrau und Geliebter.

Drum werben Männer aus allen deutschen Landstri-

chen um unsere Mädchen! Und auch manch ausländischer Messegast zu Leipzig. Deshalb wandern unsere Schönen in den Bergen von Ekuador und jauchzen im Riesenrad vom Wiener Prater.
Aber: Das Beruhigendste an diesem Segen der Natur ist – sie wachsen immer wieder nach! Glauben Sie einem erfahrenen Mittvierziger: Je älter ich werde, desto mehr werden es!
Und so dreht man sich an einem linden Frühlingstag, wo die jungen Sächsinnen zeigen, was übern Winter in aller Stille gewachsen ist, wie ein Kreisel durch die Stadt.
Nun höre ich Sie leicht murren – der übertreibt!
Es ist ja unmöglich, daß die sächsischen Frauen so ideale Wesen sind. Da gibt es doch irgendwo einen Haken!
Na klar – der Dialekt!
Wer selbst kein Sachse ist, der muß ihn verkraften können. Den überwindet nur Liebe!

Die Krise in der Mitte des Lebens: Wie krieg ich mit Würde auf der Geraden die Kurve?

Die Abgründe der Leidenschaft sind weich gepolstert.

Die südländischen Frauen verblühen sehr schnell, wohingegen andere über Jahre dahinwelken.

Unlängst erstattete ich Anzeige wegen Selbstbetrugs. Zur Verhandlung blieb ich konsequent und bat um Milde, da der Schaden auf mich begrenzt sei.

Ich hätte gern ein Hobby, aber ich muß ständig Erfahrungen sammeln.

NOTIZ AM KÜCHENSCHRANK

Phantaste dich durch deine Träume
und komm dann wieder bei mir an.
Du reißt sie doch nicht aus, die Bäume.
Und bleibst – mein Gänseblümchen-Mann.

ERFAHRUNG

Nicht alle Schwächen lassen sich mit einer Kraftbrühe beheben!

TIER UND TÜR

Unsere Katze gehört zu den sogenannten intelligenten Katzen. Sie kann selbständig eine ins Schloß gefallene Tür öffnen. Quietsch (der Name rührt daher, weil sie als junge Katze mehr quietschte als miaute) visiert die Klinke an, springt und drückt sie mit den Vorderpfoten herunter. Wieder auf dem Boden gelandet, stellt sie sich auf die Hinterpfoten, drückt gegen die dunkelbraune Holztür und öffnet sie um so viel, wie sie braucht, um hinauszuschlüpfen.

Anfangs erschraken wir: Im Fernsehen lief ein Krimi, und die Klinke schnappte. Heute erschrecken unsere Besucher, können es nicht fassen, daß eine Katze Türen öffnet! Uns macht das ganz stolz, schließlich ist es unsere Katze, die das kann... Wenn Quietsch die Türen auch noch schließen würde!

Manchmal passiert es allerdings, daß sie vor der Tür sitzt, die Klinke anvisiert, aber nicht springt! Sie wartet, bis einer kommt und ihr öffnet. Was geht da in dem Katzenhirn vor? Zweifelt Quietsch plötzlich an ihren Möglichkeiten? Scheut sie die Anstrengung? Oder hat sie keine Lust?

Es zeigt sich: Unsere sogenannte intelligente Katze ist auch nur ein Mensch wie du und ich...

Sagt jemand: Versteh mich bitte nicht falsch, hab´ ich garantiert richtig verstanden.

Ich würde ja nachgeben, wüßte ich, daß ich der Klügere bin!

Die besten Jahre des Lebens laufen davon. Die schlechten schleichen dahin.

Immer bestell ich die ganze Wahrheit – vertrag aber höchstens die Hälfte!

Es gibt Männer, denen ist kein Haar zu kurz, um es Richtung Stirn zu kämmen.

EIN HAUCH VON VORBEI

Ein Klingeln schrillt in den ruhigen Abend. Vor der Tür steht ein kleiner Mann mit listigen Augen. Der wünscht einen guten Abend. Eine schwarze Baskenmütze behütet den kugeligen Kopf. Er möchte nicht stören, aber er habe eine frohe Botschaft für mich.
"Ich bin der Inspektor K." Ich erschrecke ein wenig. "Ihre Lebensversicherung ist abgelaufen!" Ich erschrecke noch mehr und bitte ihn herein. Hinkt er ein wenig, und riecht es im Haus nicht nach Schwefel?
"Sie bekommen jetzt Geld, Mann!"
Ich kann und kann mich nicht freuen.

KINDERSPIELE

ag der Befreiu
der deutschen Jugend,
und friedliebenden
Deutschland, neue Erfolge
bei diesem großen Werk.
J. W. STALIN

NACHKRIEG

Unter dem wenigen Spielzeug, das uns Nachkriegskindern zur Verfügung stand, fanden sich in vielen Haushalten ein paar Soldaten. Die kapitulierten in den Kinderzimmern vor ihresgleichen, denn die Nazisoldaten wurden aufgeteilt – die eine Hälfte mußte in deutscher Uniform als Russe, Ami, Engländer oder Franzose herhalten.

Es gab auch mal eine Wohnung, wo die Deutschen im Spiel noch gewannen. Ja, wenn der Hitler nicht an so vielen Fronten Krieg geführt hätte...!

Ich besaß auch einige Soldaten. Die spielten eine Rolle in einer Familien-Anekdote: In den Kriegsjahren war der Lieblingsbruder meiner Mutter zu Besuch und schilderte anhand solcher Elastolin-Figuren den Frontverlauf.

Dort liegt der Iwan, hier sind wir.

Mein Bruder beschwerte sich nach einer Weile bei meiner Mutter: "Sag denen mal, daß ich auch wieder mit meinen Soldaten spielen will".

Der Onkel erzählte, daß sie die russischen Panzer abschießen und abschießen, es rollten aber immer neue heran, wie am Fließband. Am Bahnhof sagte er meiner Mutter, falls er wieder an jene Stelle der Front käme, würde er nicht zurückkehren.

Meine Mutter ging schwanger mit mir, als ihr Bruder Martin fiel.

Außer den Soldaten besaß ich auch einen Panzerspähwagen und eine Flakkanone. Die lackglänzende Kano-

ne war mit grün-braunen Tarnfarben gespritzt und sah noch wie neu aus. Alles von bester Qualität. Mit Zündblättchen konnte man schießen. Aber – wie überall – war die Munition ausgegangen. So drehte ich das Rohr gegen die Stuckdecke meines Zimmers und ahmte die Detonation der Geschosse nach.
Der Panzerspähwagen war besonders attraktiv. Ich zog ihn auf, und er surrte auf Gummiketten über den Boden. Aus dem Rohr blitzten Funken von einem Feuerstein.
Dann kam ich zu den Jungen Pionieren.
Die spielten nicht mehr mit Kriegsspielzeug.
Ich ging in den Hof und rüstete mit einem Hammer ab.
Meine Gefühle waren zwiespältig.
Ich ahnte, daß ich etwas Richtiges tat, aber in Anbetracht des Mangels an Spielzeug waren auch ein surrender Panzerspähwagen und eine drehbare Kanone ein Verlust.
Wenige Jahre danach lagen in den Schaufenstern der Spielzeugläden wieder Panzer, Soldaten und Kanonen.
Ich wunderte mich sehr und verstand nicht, warum sie nicht wenigstens so gut gemacht waren wie damals.

NICHT ZU FASSEN

Als Stalin starb, war ich acht Jahre alt und zum ersten Mal in meinem Leben zur Erholung verschickt, nach Bernburg.
Wenn mich meine Erinnerung nicht täuscht, formierten sich Menschen zu einem Trauermarsch durch Bernburg. Ich hatte das Gefühl, etwas Ungeheuerliches sei passiert. Wir kamen in der Stadt an einer Blumenuhr vorbei. Ich wunderte mich, daß die Uhr nicht sofort stehengeblieben war.
Ich hätte nicht gedacht, daß er sterben kann.
Nach den Schilderungen der Lehrer und nach dem, was ich sonst über ihn hörte, war er einfach kein Mensch mehr.
Es gab keinen Weihnachtsmann, keinen Osterhasen und nun auch keinen Stalin mehr.

GESCHICHTE

In meiner Schulzeit wurde Stalinstadt als die große Errungenschaft gepriesen.
Die junge Republik baut eine neue Stadt! Symbol für die Zukunft! Das Besondere: die erste deutsche Stadt ohne Kirche!
Eisenhüttenstadt hat längst eine.

RUMMEL

Fast jeder Ort hat für die alljährliche Versammlung von Schaugeschäften einen eigenen Namen. Was in Leipzig die Kleinmesse, ist in Zwickau der Rummel. Ich wohnte nicht weit von jenem Platz, und bei gutem Wind drangen ein paar Takte Musik oder das Aufheulen einer Karussellsirene bis an unser Fenster. Meine Mutter nannte den Platz, auf dem das bunte Leben stattfand, den Schießanger. Darunter konnte ich mir nichts vorstellen.

Das einzige Haus, das dort stand, so erfuhr ich später, war früher das Schützenhaus gewesen. Nach dem Krieg diente es als Klub der sowjetischen Armee. Das geschah dem Haus ganz recht.

Auf dem Schießanger also drehten sich in meiner Kindheit verlockende Karussells, für die meine Mutter den Begriff "Reitschulen" verwendete, was für mich ebenfalls keinen Sinn ergab. Dieses Wort war aus ihrer Kindheit geblieben. Sie war Kind noch unterm Kaiser, immer gleichaltrig mit dem 04-Bad, dem größten Zwickauer Freibad. Offiziell hieß die schöne Anlage inzwischen "Volksbad", aber das sagte in Zwickau kein Mensch.

1944, in meinem Geburtsjahr, stand der Zwickauer Rummel auf dem Platz der NSDAP. Meine Mutter wird auch damals Schießanger gesagt haben.

In die fünfziger Jahre hatten sich noch viele Schaugeschäfte der Vorkriegszeit gerettet. Zum Beispiel die "Walzerfahrt zum Mond". Während die Mädchen in

den Wagen kreischten, drehte sich in der Mitte lautlos ein gipsernes, festlich angezogenes UFA-Paar. In akkurater Walzerhaltung. Das drehte sich noch genauso, als über die Lautsprecher inzwischen Rock'n'Roll-Musik dröhnte. Da wirkten die beiden besonders deplaciert.
Was gab es noch auf dem Rummel? Zum Beispiel echtes Kasperletheater, ein Spiegellabyrinth, Hundetheater und – Liliputaner! Wo sind die eigentlich hin? Wieso sieht man keine mehr? Von allen Karussells beeindruckte mich am meisten das Taifunrad! Was für eine tolle Idee, den Wirbelsturm ins Schaugeschäft hereinzuholen! Das Taifunrad war eine runde, mit Parkett belegte Fläche von einigen Metern Durchmesser. Auf ein akustisches Signal stürmten wir zwischen Mut und Ängstlichkeit schwankenden Helden auf die Fläche, die sich langsam zu drehen begann. Wer nicht im schnellen Spurt die Mitte erreichte, hatte keine Chance! Unerbittlich fegte die Zentrifugalkraft alle Schwächlinge hinweg! Wir wirbelten durcheinander und landeten an der gepolsterten Umrandung. An vielen Stellen war das Leder (!) von der Wucht des Aufpralls in hellbraunen Linien aufgebrochen.
Das Rad drehte sich, bis nur noch einer in der Mitte hockte. Genau dort, wo der Zirkel einstechen würde. Wenn dieser Zeitpunkt erreicht war, schwebte von oben an einer Schnur ein etwas angeschnuddelter großer Teddybär herab und tippste dem Drehwurm-Besitzer dreimal auf den Kopf. Überstand er die drei Berührungen, war er Sieger. Eine üble Hupe ertönte, das Rad drehte aus, der Kämpfer verließ es nicht gerade gravitätischen Ganges. Der Taifun saß ihm noch in den Beinen. Als Preis erhielt der kleine ge-

schwächte Held eine kalte Bockwurst.
Eine Bockwurst galt etwas in jener Zeit, als der Zwikkauer Schießanger Stalinplatz hieß.
Heute heißt das Gelände Platz der Völkerfreundschaft.
Und dabei sollte es bleiben.

DIE BEDROHUNG

An einem freundlichen, hellen Junitag des Jahres 1953 kam ich mit meinen Freunden Peter, Uwe und Jochen aus der Schule. Die großen Ferien rückten näher, mein drittes Schuljahr war bald zu Ende.
Wir schlenderten über den Zwickauer Poetenweg nach Hause. Plötzlich rief ein Polizist: "Keine Gruppen bilden! Auseinandergehen! Abstand halten!"
Ein Foto unserer verwunderten Gesichter – da gäbe ich was drum! Man hatte damals, zumal in solchem Alter, noch viel Respekt vor Polizisten! Also gingen Peter, Uwe, Jochen und ich im Abstand von einigen Metern nach Hause. Vielleicht haben wir auch den Abstand, als wir außer Sichtweite des Ordnungshüters waren, wieder verringert.
Sei es, wie es sei. Eine Erklärung war nicht zur Hand. Wir befolgten die Anordnung. Die Erklärung war schließlich die Uniform selbst.
Am Abend lugte ich durch die Gardine und sah zwei sowjetische Soldaten die Leipziger Straße entlang patroullieren. Am nächsten Tag rollten Panzer der Roten Armee über das Pflaster. Sie hinterließen helle Streifen auf den Steinen.
Als wir Räuber und Gendarm spielten, fragte ich meinen Freund Uwe in unserem Versteck, ob er glaube, daß es wieder Krieg gäbe.

GERETTET

Wie Menschen in Notzeiten zusammenhalten, läßt sich am Beispiel meines elterlichen Hauses in Zwickau beschreiben.
Juli 1954.
Nach endlosem Regen bedrohte ein Hochwasser die Bergarbeiterstadt. Es wuchs die Sorge, ob die Dammanlagen an der Mulde halten würden.
Im Erdgeschoß unseres Hauses befand sich eine Gaststätte, die meinem Großvater gehörte. Er führte sie bis 1945 als Bier- und Speiselokal "Fürst Bismarck", danach noch kurze Zeit als "Ehrlers Gaststätte", nach seinem Familiennamen.
Als die Gefahr des Hochwassers immer größer wurde, sprach der Pächter in seiner Not die Hausgemeinschaft an, und alle, alle kamen, auch jene, die außer einem flüchtigen Gruß kaum einen Satz miteinander wechselten. Die männlichen Bewohner des Hauses, vom Wismut-Kumpel bis zum Zahnarzt, bildeten eine Kette, um die Flaschen mit Urahn, Pfefferminzlikör, Zwickauer Koks und was es sonst noch alles gab, zu retten.
Nicht eine wurde Beute der Wassermassen!
Als die kamen, standen die Flaschen in sicherer Höh' auf den Treppen zum ersten Stockwerk.
Und so gab es nur Opfer unter den Einrichtungsgegenständen, denn das Wasser stieg im Gastraum bis knapp an den Rand der Theke. Aber das ließ sich allemal verschmerzen.
Fünf Tage wurde die Hölderlinstraße 14 ein altes

fideles Haus, und die Menschen rückten zueinander. Wenn wir aus dem Fenster blickten, sahen wir die Zwickauer Mulde die Leipziger Straße hinabfließen. Unser Nachbar stand bei uns mit dem Glas in der Hand. Als Kumpel bei der SDAG Wismut hatte er in jenen Wildwest-Zeiten schon manches erlebt, doch nicht sowas. Er brachte die Situation auf den Punkt: "Wenn ich das viele Wasser sehe, kann ich nur noch trinken".

Und so kam es, daß der Pegelstand in den Flaschen schneller fiel als der auf der Straße.

KINDERSPIELE

Eines Tages, im Alter von elf, zwölf Jahren, gründeten wir, angeregt durch "Timur und sein Trupp", eine Bande. Wir gingen alle in dieselbe Klasse und trafen uns oft auf einem Schießübungsplatz der Roten Armee. Dort schwatzten wir den Soldaten einen roten Stern von ihrer Mütze ab und durften die leeren Patronenhülsen einsammeln. Die ließen sich zum Basteln verwenden. Meist im Zusammenhang mit Plastilina. Das war damals so ein Stoff, aus dem wir unsere Träume bastelten.

Kleine Deutsche, die wir waren, brauchten wir für unsere Bandenzugehörigkeit natürlich einen Ausweis. Mein Freund Uwe besaß einen Stempel. Den drückten wir auf ein Stück Pappe, dazu der Name, Geburtstag, Anschrift – das war unser Ausweis.

So ein Dokument fiel dem Physiklehrer Z. in die Hände, der sich wie ein Geier auf alles stürzte, was Schüler an privaten Sachen im Unterricht bei sich hatten.

Zwei Stunden später betrat unser Klassenlehrer, Herr S., mit todernstem Gesicht den Raum, steuerte das Pult an, warf seine Tasche auf den Stuhl, daß sie herunterfiel, schmiß sein Schlüsselbund auf den Tisch. Dann stellte er sich vor uns hin, wackelte mit einem Bein, das tat er immer, wenn er aufgeregt war, und rief in den Raum: "Die deutsche Bande mit Ausweisen vortreten!!!"

Wir sahen uns verwundert an, denn dieser Name war bei uns noch nie gefallen. Es stellte sich heraus, daß

Herr S. folgendes übersehen hatte: der Stempel lautete "Deutsche Kinderpost". In die Mitte hatten wir "Bande" geschrieben. S. las im oberen Teil des Stempels "Deutsche", dann "Bande", und dies war so ungeheuerlich, daß er nicht mehr bis zur "Kinderpost" vordrang. Das reichte! Im Jahr 1956!
Für ihn marschierte die Konterrevolution. In seiner Klasse! In der Zwickauer Alexander-Puschkin-Oberschule.
Wir Kinder indes marschierten erst mal nach vorn. Ein ungutes Gefühl machte sich in unserer Magengegend breit. Was hatten wir getan? Garantiert nichts Schlimmes. Aber warum war S. so schrecklich aufgeregt?
Da standen wir sechs Freunde vor der Klasse, Timur und seinem Trupp viel näher als einer kreuzgefährlichen "Deutschen Bande".
Mein Freund Peter hatte seinen Ausweis nicht mit und wurde von S. aufgefordert, ihn sofort zu holen.
Inzwischen begann das Verhör. S. forschte nach feindlichem Gedankengut. Nun wußten wir wirklich nicht, worauf er hinauswollte, denn über politische Themen hatten wir nie gesprochen. Wir waren, mit Verlaub, einfach zu uninteressiert.
Horst, unser Klassenerster, lenkte ein. Herr S. wäre doch auch jung gewesen und bestimmt mit einem Jungentrupp herumgezogen. Diese Sympathieerklärung von ihm und anderen machte auf uns starken Eindruck. Darum ginge es ja nicht, so Herr S., aber ihm fiele jetzt ein, daß wir in letzter Zeit auch schlagartig in der Mitarbeit bei den Jungen Pionieren nachgelassen hätten. Da gebe es doch eindeutige Bezüge.
Sein scharfer Ton ließ einen von uns in Tränen ausbrechen. Norbert sagte schluchzend, daß er von nun an

wieder besser bei den Pionieren mitarbeiten wollte. Dazu kam es aber nicht mehr, weil er einige Zeit darauf mit seinen Eltern nach dem Westen ging.
S. wollte wissen, wer unser Anführer sei. Wir sagten, es gäbe keinen, alle wären gleich. Irgendwann muß ich eine vorlaute Bemerkung gemacht haben, denn ich wurde vor die Tür gestellt. Als ich draußen stand, kam Peter angehetzt, das corpus delicti in der Hand. Ich bat ihn, nicht zu erwähnen, daß er unser Anführer sei. Das ginge nicht, meinte er und drehte den Ausweis um. Dort stand in ungelenker Kinderschrift: Hauptmann.
S. berief eine Elternversammlung ein. Die Eltern, das sickerte bis zu uns durch, haben Herrn S. abgeblockt und versucht, ihm seine konterrevolutionären Ängste auszureden.
An jenem Tag war uns das Lachen vergangen. Der unerwartete Angriff und vor allem die Tatsache, schlimmer Handlungen verdächtigt zu werden, hatte uns angst gemacht.
Zum Glück waren wir damals noch Kinder.

DIE PROBE FÜR DEN ERNSTFALL

Die heutigen Mittvierziger werden sich erinnern, daß man in den 50er Jahren noch ganz anders über die Atombombe dachte als heutzutage. Klar, das war schon eine schlimme Sache, aber Schutz durchaus möglich.

Wir probten den Ernstfall am Schwanenteich, einer idyllischen Großstadtoase im Zentrum von Zwickau. Das Schwanenschloß, ein beliebtes Restaurant mit einem Tanzsaal, wurde nach dem Krieg das volkseigene "Klubhaus Grubenlampe". Was sollten wir auch mit einem Schwanenschloß!?

An einem schönen Herbsttag führte ein Lehrer unsere Klasse in diese Grünanlage. Zwei Männer empfingen uns 14-, 15jährige. Einer war Offizier der NVA.

Mit ernsthaften Worten wurde die Situation erklärt: Eine Atombombe war gefallen. Wir erhielten sogenannte Gammakleidung aus Gummi, die vor den Strahlen schützen sollte. Die kuriosen Klamotten machten uns einen Riesenspaß. Die Führer der Aktion fanden das gar nicht lustig. Nun wären noch Gasmasken vonnöten gewesen. Die fehlten aber, und so mußten wir den Atomschlag in den Zwickauer Schwanenteichanlagen ohne dieses Schutzgerät überleben.

Wir standen aber vor einer schweren Aufgabe. Eine große Wiese lag voller Laub. Dieses Laub sei radioaktiv verseucht, und wir sollten die Fläche davon befreien. Jeder bekam einen Laubrechen in die Hand gedrückt und schob die verstrahlten Blätter zusammen. Ich

versichere, nicht einer kam auf die Idee, es müsse auch die Wiese verseucht sein, wenn es das Laub darauf sei. Die drei Herren am Wiesenrand rauchten und blickten hin und wieder auf ihre perfekt ablaufende Aktion. Wenn sie nicht herschauten, passierte es auch, daß wir etwas radioaktives Laub unter die Büsche kehrten.
Und wenn es nicht verfault ist – dann strahlt es dort noch heute.

ES WAR EINMAL

für das Wo
der Bürger, für

ES WAR EINMAL

In den Büchern der 50er Jahre wurde das Leben in der künftigen DDR für das Jahr 2000 genau geschildert. Die Zeichnungen begeisterten uns. Wir Kinder träumten von den Linientaxis zum Mond und bestaunten die künstlichen Sonnen, die des Nachts die großen Städte bescheinen. Eine neue Lieblingsbeschäftigung für die ganze Familie war das Unterwasserwandern!
Ganz so ist es doch nicht gekommen.
Das Wasser steht uns nur bis zum Hals.

DIE KIRCHE

Bereits drei Jahre nach dem Krieg, dem auch in der Messestadt unersetzliche Bauwerke zum Opfer fielen, erschien die Broschüre "Leipzig – ein neuer Führer" von Karl Baedeker. In ihr ist beschrieben, was den Krieg überstand, was zerstört wurde. Mit Freude konstatierte der Autor: "Die erhalten gebliebene Paulinerkirche (Universitätskirche) ist mit einem Stück des Kreuzganges der letzte Rest des 1229 gegründeten Dominikanerklosters."

Zwanzig Jahre später, im Jahre 1968, behaupteten jene, die für diese Stadt Verantwortung trugen, an einem Karl-Marx-Platz könne keine Kirche stehen.

Was hätte Karl Marx dazu gesagt? Als Jude geboren, zum Christen getauft, zum Atheisten geworden! Und Pate von Liebknecht! Letztere Taufe fand leider in der Thomaskirche statt. Schade! Anderenfalls wäre das eine Chance für die Universitätskirche gewesen – wenn ein Wissender es den Verantwortlichen gesagt hätte. Gegen eine Stimme beschloß die Leipziger Stadtverordnetenversammlung den Abriß der Kirche. Die vielen Gegenstimmen außerhalb fielen nicht ins Gewicht. (Höchstens in der Art: Studenten fanden sich plötzlich in der Produktion wieder.)

Wer konnte denn damals das Lutherjahr voraussehen? Freilich hätten sich 1983 die unterschiedlichsten Repräsentanten in der Universitätskirche eingefunden, schließlich weihte sie Luther 1545 zur protestantischen Kirche. Jedoch: Der rettende rollende Bote in einer

schwarzen Tatra-Limousine blieb aus!
Am Vormittag des 30. Mai 1968 wurde die Kirche nachträglich in Trümmer verwandelt. Die Sprengung hat nicht nur einen der schönsten und größten Plätze Europas verändert. Auch Lebensläufe – und nicht nur von Studenten.
1988, zwanzig Jahre danach, fehlte in der Öffentlichkeit, beispielsweise in der "Leipziger Volkszeitung", jegliches Erinnern.
1948, 1968, 1988.
Im Vorwort zum erwähnten Stadtführer schrieb Dr. Erich Zeigner, erster Oberbürgermeister Leipzigs nach dem Krieg: "...von dem aus, was wir gerettet haben, müssen wir die Neugestaltung unseres gesamten kulturellen Lebens vornehmen". Und: "Sorgen wir dafür, daß wir diesen Besitz ganz erfassen und ihn uns und unserem Volk nutzbar gestalten".
Zeigner starb schon 1949.
Seine Nachfolger haben die Stadt im Frieden zerstört.

Das Fähnlein der sieben Aufrechten wehte natürlich auch. Nur war es jeweils höchstens einer.

Ein Mensch war schnell abgestempelt und weggeschickt.

Wer einen schlechten Zustand aufheben will muß sich bücken. Meistens machte das Rückgrat nicht mit.

Das endliche Akzeptieren von Erkenntnissen, die unendlich lange negiert wurden, nannte man: errungene Positionen.

WEHRUNTERRICHT

Der Fähnrich hielt immer die Fahne hoch.
Auch wenn er irrte.
Die NVA habe 9.000, die Bundeswehr
50.000 Mann.
Da wehrten sich einige Schüler.
In der nächsten Stunde korrigierte er.
Die NVA habe 100.000, die Bundeswehr
500.000 Mann.
Eine Schülerin entschuldigte sich, sie habe keine
Hausaufgaben gemacht.
Da fragte sie der Fähnrich, ob sie etwas gegen
Wehrunterricht habe.
Schließlich gab es Striche für jene, die kein FDJ-
Hemd trugen. Er käme schließlich auch in Uniform.

DAS PASSENDE GESCHENK ZUM FEST

Ein strahlender kleiner Junge kommt mir im Haus mit einer Plast-Maschinenpistole entgegen:
"Die hat mir der Osterhase gebracht!"
Ein dickes Ei.

ÜBER DIE ANGST

Im Vorkriegsdeutschland: Da kommst du ins KZ!
Im östlichen Nachkriegsdeutschland: Da kommst du nach Sibirien!
Welch humanistische Variante leuchtete dagegen in den Farben der DDR auf: Da wirst du nach dem Westen abgeschoben!

ERINNERUNG AN DEN RAT DES BEZIRKES

Schritte hallten auf dem Gang. Jede Tür ein mögliches Ziel. Abteilungsschilder. Namensschilder...

Namen von Menschen, die außer Haus, zum Lehrgang, krank waren; Urlaub hatten, Haushalttag, Kohlen kriegten, Schrankwände.

Hinter einer Tür feuerte eine Schreibmaschine. Der schwarze Piktogramm-Mann zeigte für alle Fälle den Fluchtweg an.

Ein Blatt schwebte an einer manikürten Hand über den Korridor. Ein Mann mit Schwung plauzte die Tür. Die Resignativen klinkten.

Ein Genosse der Zivilverteidigung schleppte einen Sack Erdnußflips in seinen Bau. Die einzige Tür auf dem Gang, die außen keine Klinke besaß. Drei Damen verließen hastig den Raum.

Der Stab war durch den Kauf von Erdnußflips lahmgelegt.

Wenn das seinerzeit der Gegner gewußt hätte!

Neben dem Toten fand man die Mordwaffe: ein Schlagwort.

Unsere Tageszeitungen druckten zwar keine Satiren, aber sie lieferten täglich den Stoff dazu.

Weil der Apparat funktionieren sollte, mußten Menschen dran glauben.

"Ich werde mein Wissen verdoppeln", sagte die Null.

MOKKATÖRTEL

Mein Freund Mokkatörtel hat natürlich auch einen richtigen Namen. Aber der tut nichts zur Sache. Als Studenten saßen wir oft im Kaffeehaus, in jenem legendären Leipziger CORSO im Gewandgäßchen. Dort trafen sich Studenten, Künstler, Leute, die Künstler sein wollten, und echte Spinner der Nation.
Drum wurde das Café auch im Herbst des 68er Jahres als Hort der Reaktion abgerissen. Der Abriß hatte natürlich städtebauliche Gründe! Deshalb stand genau an dieser Stelle zwanzig Jahre eine Baubaracke.
Es war das letzte Alt-Wiener Kaffeehaus auf dem Boden der DDR. Heute würde man in das denkmalgeschützte Gebäude Reisegruppen führen.
Natürlich gingen auch "normale" Leipziger ins CORSO. Die saßen sommers im Freien neben grünem Buschwerk. Die richtigen Tortenesser nahmen gleich im Erdgeschoß dem Büfett gegenüber Platz. Im Zwischengeschoß flirteten verliebte Pärchen, und der eigentliche Raum befand sich im ersten Stock: Marmortische, Holzstühle, gedämpftes Licht, Wände mit grünem Stoff bespannt...
Aber das wollte ich gar nicht erzählen. Wenn es um das CORSO geht, verplaudere ich mich immer.
Ich sprach von Mokkatörtel. Wir haben im Kaffeehaus gern Kuchen, Torte oder Törtchen gegessen und gaben uns dann immer Namen wie "mein Sahnebaiser", "meine Streuselschnecke" oder "mein Mokkatörtel". Letzterer blieb an meinem Freund hängen.

Nun hat er längst seinen Weg gemacht, arbeitet gar in einem Ministerium. Der Minister ahnt natürlich nicht, daß er in seinem Stab ein "Mokkatörtel" beschäftigt! Stammgast im CORSO zu sein, wäre 1968 nicht die beste Voraussetzung für die Arbeit in einem Ministerium gewesen. Wenn ich mir's heute recht überlege, ist schon was dran gewesen an dem Mißtrauen... denn im CORSO beschlossen Mokkatörtel und ich, nach Prag zu trampen – im August 68 (!)...

(1988)

DURCH DIE BLUME

Die Mitarbeiterin eines staatlichen Archivs übernahm für eine Bekannte die Pflege der Blumenkästen und Grünpflanzen in deren Wohnung. Diese Frau hatte die Genehmigung für einen Verwandtenbesuch in der Bundesrepublik erhalten.

Sie kam nicht wieder.

Dafür kam die Sicherheit.

Viele Stunden wurde die Frau verhört.

Man empfahl ihr, doch lieber eine Kollegin zu werden, die früher als Genossin eine Zeitlang in einem staatlichen Archiv gearbeitet hatte.

CHARAKTERSACHE

Gern verliehen die Oberen einer Sache "dauerhaften Charakter".
Was ist dauerhaft?
Zum Beispiel Dauerwurst!
Doch die verlieh niemand.
Schade, denn sie ist nicht nur dauerhaft, sondern auch genießbar!
Ihr kann wirklich Charakter bescheinigt werden.

NORMALFALL

Umständlich erklärte der Redner Kulturschaffenden ihren Beruf. Eine erschöpfende Rede.
Der Hörsaal wurde zum Weghörsaal.
Der Redner indes hielt sich streng an sein pädagogisches Konzept: Nichts sagen, was nicht schon bekannt ist!

DER NEUERER

Also, ich kannte einen, der hatte immer unheimlich was in der Hinterhand oder auf der Pfanne, obwohl er nicht Koch, sondern Kellner war. Ich sah einmal, wie er seinen Kollegen bewies, daß er doppelt so viel wie sie tragen kann!
Doppelt!!!
Die haben vielleicht geguckt, als der losgezogen ist!
Ein sagenhafter Mann!
Bloß schade, daß er unterwegs die Hälfte verloren hat.
Aber sonst: unheimlich gut!

"Unsere Menschen sind noch nicht soweit!"
Das klang wie: "Unsere Katze ist noch nicht stubenrein."

Im Sozialismus, so wurde immer wieder behauptet, ist der Mensch dem Menschen kein Wolf mehr.
Richtig!
Hier mußtest du Fuchs sein!

SED – bei so vielen Sekretären und Büros konnte ja nur Bürokratie entstehen.

"Man muß", meinte der Redner, "die Realität immer wieder an der Wirklichkeit überprüfen!"

Als der Stein seines Denkanstoßes ins Rollen kam, brachte er sich noch rechtzeitig in Sicherheit.

DIE REINE LEHRE

Und dann gab es noch ein Studienfach, das hieß: Wissenschaftlicher Kommunismus. Doktoren und Professoren schrieben und forschten, lehrten ihre Erkenntnisse über die Jahre Tausende von Studenten. Eines Tages wurde das Fach klammheimlich umbenannt in Wissenschaftlicher Sozialismus.
Mit dem Kommunismus war in absehbarer Zeit nicht zu rechnen, mit einem wissenschaftlichen schon gar nicht.
Schließlich wurde auch der Sozialismus verabschiedet.
Und es bleibt die Erkenntnis:
eine reine Irrlehre.

Dinge hatten wir genug.
Uns fehlten die Worte.

Der König ist tot.
Nun kann aus dem Hofnarr ein Kronzeuge werden.

PARTEI UND KONTERREVOLUTION

Vorsicht auf den 1. Mai
die Regierung
zieht am Volk vorbei!
STASI
STASI
STASI

OKTOBER 89

Alle Eingaben hatten nichts genutzt.
Wir mußten etwas größer schreiben.
So entstanden Transparente.

SICHERHEITSLOGIK

Als Mitarbeiter des Staatssicherheitsdienstes an der Nikolaikirche zu Leipzig zwei Demonstranten ein Transparent mit der Aufschrift

Reisefreiheit statt Massenflucht

aus den Händen rissen, war es augenscheinlich, daß ihnen die Massenflucht als das kleinere Übel galt.

Wo Kerzen mit Stiefeln ausgetreten werden, wird notfalls auch geschossen.

REVOLUTION IN DER FAMILIE

In Leipzig wurde erzählt, daß ein Mann der Staatssicherheit seiner eigenen Frau ein Transparent entriß.
Er habe sie im Eifer gar nicht erkannt.
In dieser Minute hatte er die Scheidung vollzogen.

Selbst mit aller Macht war die Ohnmacht nicht zu retten.

EIN WUNDER

Unerklärlich, daß bei der ständigen angespannten Versorgungslage im Land, bei der unglaublichen Masse von Transparenten in den Demonstrationen in Leipzig nicht die Besenstiele zum Engpaß wurden!

DER CHARAKTER

Die Oktoberrevolution von 1989 war eine
zutiefst deutsche:
Tagsüber arbeiten.
Und a b e n d s demonstrieren!

DIE VERURSACHER

Größte Bedeutung für den heißen Herbst kommt der "Leipziger Volkszeitung" zu.
Die hat so lange gegen die Demonstranten gehetzt, bis der letzte gemütliche Sachse sagte:
"Awwr so nich!!! Nu grade!!!"
Die LVZ hat eine Revolution ausgelöst.
Die von damals wissen das aber heute immer noch nicht!

PARTEI UND KONTERREVOLUTION

Plötzlich riefen die antisozialistischen Elemente, Rowdys und bezahlten Rufer des Klassengegners: "Wir sind das VOLK!"
Mit allem hatte das Politbüro gerechnet, aber wer denkt denn an so was!
Als es sich von seiner Sprachlosigkeit erholt hatte, beriet die Parteiführung - demokratisch bis auf die alten Knochen -, ab wieviel Menschen das Volk beginnt.
Da sie aber nicht zwei und zwei zusammenzählen konnten, gaben sie auf.

SICHTVERÄNDERUNG

Als sich fünfzehn junge Menschen vor der Leipziger Nikolaikirche auf die Straße setzten, empörte sich der von den Organen informierte Funktionär, welcher Staat ließe sich denn das gefallen.
Als er 150.000 über den Ring der Messestadt ziehen sah, ahnte der hinter einem Busch verborgene Funktionär, daß sich die Menschen diesen Staat nicht mehr gefallen lassen.
Und er bedauerte, nicht zu ihnen zu gehören.

HISTORISCHE MENTALITÄT

Sachsen war Hauptregion der Aufklärung.
Leipzig Wiege der Arbeiterbewegung.
Solche Traditionen wirken nach.
Spezielle Mentalitäten erhalten eine historische
Dimension:
Die Sachsen schwatzen gern.
Sie ersetzten die schlaffen Medien in Eigeninitiative.
Klärten sich gegenseitig auf.
Und die Arbeiter bewegten sich wieder.

PERSPEKTIVE

Die kapitalistische Wirtschaftsform ist leider die effektivste der Welt.
Nun bleibt uns nichts weiter übrig, als den Kapitalismus im eigenen Land auszubeuten.

WEISUNG

Ab sofort ist demokratisch vorzugehen!

KEIN JUBELLÄUM

Die DDR war auch nur ein Mensch.
Kurz vor der Vierzig kam sie in die Midlife-Krise.
Sie fühlte sich so ungeliebt.
Hatte ein großes emotionales Defizit.
So konnte der Nachbar leicht mit ihr ein Verhältnis anfangen.
Nun schlafen sie miteinander und hoffen, daß es was für´s Leben wird.

Zur Freiheit gehört auch, daß ich mir Einsicht in die Notwendigkeiten verschaffe.

HITZE IN PRAG

CAFÉ SLAVIA

Mein Wohnzimmer mitten in Prag.
Wortwolken hüllen mich ein.
Das Saxophon plaudert mit dem Piano.
Männer applaudieren einer Frau mit den Augen.
Die Moldau vor dem Fenster fließt ohne Plan.
Ein Kellner serviert den neuesten Witz.
Das Lachen ist unbezahlbar.

DAMALS IN PRAG

Daß man eine Stadt wie eine Frau auf den ersten Blick lieben kann, ist bekannt. Mir ging es in Prag so. Und ich bin dieser Stadt treu geblieben! (Also gut – unter uns – ich habe sie zwei-, dreimal mit Budapest und Kraków betrogen...)

1963 fuhr ich das erste Mal nach Prag, das erste Mal ins Ausland! Mit meinem Freund Rudi. Zwei Gärtnergesellen von 19 Jahren waren wir.

Mit dem Deutschen Reisebüro in die goldene Stadt! Drei Tage. Busfahrt ab Zwickau, Essen, Unterkunft, Stadtrundfahrt, Show in der Alhambra-Revue für ... sitzen Sie, lieber Leser? ... 150,- Mark!!!

Und wissen Sie, wo wir wohnten?

Im Hotel Ambassador am Wenzelsplatz!

Das ist der Nobelschuppen, wo heutzutage die großen bunten Busse mit WC und Kaffeebar halten und einen Schwapp gleichartig modischer Touristen auf den Boulevard schütten.

Damals waren wir eben noch wer! Da besuchten wir vor allem die Stadt an der Moldau. Die westliche Mode, in östliche Städte zu reisen, kam später auf.

In einer Bar am Wenzelsplatz lernten wir einen Jugoslawen kennen, der mit uns seinen Geburtstag feierte. Seitdem habe ich nie wieder einen Slibowitz angerührt!

Als wir in der Früh die Hotelhalle betraten, wollte der livrierte Hotelangestellte uns zwei junge Schnösel tatsächlich mit dem Lift nach oben fahren. Mein bleicher

Freund Rudi ließ es zum Glück gar nicht erst so weit kommen. So liefen wir nach oben, wo er es dann so weit kommen ließ.
Um es auf den Punkt zu bringen: Damals hatten wir wenig Geld, sparten uns die Reise zusammen und schliefen sogar in einem weißen Rokoko-Bett.
Dann kamen Jahre, wo Geld kein Problem war, wohl aber, für unseres ein Quartier zu bekommen.
Und nun?
Schlafen wir wieder im Rokoko-Bett?

BEGEGNUNG

In der Altprager Bierkneipe sitzt er mir gegenüber: ein weißbärtiger Alter mit einer kleinen runden Sonnenbrille. Ein abgeschabter Anzug, aber mit Weste. Als er merkt, daß ich Deutscher bin, versucht er unablässig, sich an deutsche Vokabeln zu erinnern. Mehr und mehr gelingt es ihm.

"Ich kenn viele deitsche Städte, wo noch ein Deitschland! Auf vielen Biehnen. Ich war Musikalclown."

Er blinzelt beim Reden über die dunklen Gläser seiner Brille.

"Musikalclown Gogo und ibermitige Kuh". Waren zwei Freinde in Kuh. Waren in ganz Europa und weiter. Australien auch!"

"Da haben Sie viel gesehen."

"Ja, ja. Jetzt is auf der Welt viel Leite, aber wenig Menschen."

"Wie alt sind Sie?"

"Ich bin geboren eintausendneinhundert. Wir sind alte Familie. Nachgewiesen ab achthundert in Ort von Böhmen. Dort gibt es noch Ruine."

"Sie müssen Ihre Memoiren aufschreiben!"

Er sieht mich wieder über den Brillenrand an, sehr erstaunt: "Aber warum!?"

Dann ist er mit seinem Essen beschäftigt, trinkt ab und zu einen Schluck Bier. Der Alte hat unser Gespräch wohl vergessen und sitzt wieder allein am Tisch.

(1985)

HITZE IN PRAG

Wolken verreisten aufs Land.
Brücken kühlen ihre Pfeiler im Wasser.
Alle Schatten sind besetzt.
Eine Katze verschläft ihre Maus.

HOTEL ATRIUM/HYATT IN BUDAPEST

Umwerfend groß, grün und schön.
Von allen Etagen rankt es in die Halle. Ein Brunnen und ein Klavier verplätschern liebliche Geräusche. Ich fühle mich im geflochtenen Korbstuhl nicht als Hahn, sondern mehr als Maus im Korbe. Eine Maus, die in die große weite Welt lugt, die nicht für sie eingerichtet ist. Na gut, einen Kaffee kann ich mir noch leisten, aber ansonsten wird das heimatliche Geld hier zum Cartoon: ein Blick darauf erntet Lachen.
Knallrote Fahrstühle schweben lautlos in die Halle hinauf. Ihnen entsteigen Modegazetten–Menschen.
Ist das dort nicht G. R.?
Nein, der Mann sah nur so böse aus.
Ob man als Leipziger auch mal ... darf man überhaupt? Ich betrete mutig eine der Glaskanzeln und fliege musikbeträufelt in die Höhe. Oben wandere ich einmal um die Galerie, sehe den Pianospieler ganz klein und höre sein Spiel als ferne Musik.
Über den Köpfen der Gäste hängt ein Flugzeug vor sich hin.
Die Amerikaner, die die Hyatt–Hotels kennen, fühlen sich mitten in Ungarn wie in Amerika. In der Halle wartet eine Gruppe vollklimatisierter Touristen darauf, daß die Kellner endlich die historischen Gebäude vorbeitragen.
Aber Kellner lassen überall auf sich warten.

(1986)

MARKTWUNDER

Jeder Markt in Budapest ist für unsereiner eine Orgie in Obst und Gemüse. Man fragt sich: Was wächst denn eigentlich in der DDR ...?

Und erst die Menschen!

Zum Beispiel ein Marktmann. Sagt der zu mir, als er mich deutsch reden hört:

"Ich bin seit 500 Jahren Deitscher!"

Ein Wunder!

Ich hätte ihn höchstens auf sechzig geschätzt!

(1986)

WELTEN

Im April 1983 war ich mit dem Kabarett "academixer" zu einem Gastspiel an der Trasse. Unvergeßlich ist mir ein "Dorfkonsum" in der Ukraine geblieben. Nur wenige Waren. Ein Regal voller Kernseife. Der Geruch dieser braunen Kernseife füllt den Raum, schlägt mir wie eine Wolke entgegen, nimmt mir den Atem.
In einer Ecke des Raumes ein bescheidenes kosmetisches Angebot: Parfümdüfte, die man von den sowjetischen Frauen kennt, wenn sie sich fein gemacht haben und durch unsere Städte spazieren. Mit Namen wie "Tiefer Baikal" oder so.
Schwer und süß.
Plötzlich protzt mir im Regal ein Rasierwasser in attraktiver Verpackung entgegen: ONE MAN SHOW.
Das paßt in den ukrainischen Dorfkonsum wie eine Perle an einen Trainingsanzug.
Wie kam das hierher!?
Auf der Schachtel die Namen dreier Weltstädte, ich glaube Mailand, Paris und London. Der Glanz der großen weiten Welt in diesem kleinen dürftigen Ort: ONE MAN SHOW.
Ich stelle mir einen Mitarbeiter des Außenhandels der UdSSR in einer Pariser Nachtbar vor. Zwischen leichtbekleideten Mädchen und Champagner wird der Vertrag gefeiert, der die Lieferung Tausender Flaschen dieses Rasierwassers für die Sowjetunion besiegelt. In Moskau wurden sie dann über das weite Land verteilt, und so landeten auch ein paar Flaschen des teuren

After Shave in diesem Dorf.
Ein alter bärtiger Mann schlurft durch den Raum und würdigt die glänzende Schachtel nicht eines Blickes.
Im Sommer desselben Jahres durfte ich dann zum ersten Mal nach "draußen". Und gleich in die Schweiz. Hatte Mühe, die Fülle zu ordnen, von allem einfach zu viel.
In der Kosmetikabteilung eines großen Kaufhauses, zwischen Duftwässern aus aller Welt, steht plötzlich der Star wieder an der Regalrampe: die ONE MAN SHOW!
Und gleich riecht es nach Kernseife!

ANGEBOT UND NACHFRAGE

Das Einkaufszentrum GLATT in Zürich ist wohl eines der ganz großen in Europa.
Mit meinem Freund Urs stehe ich in der Molkereiwaren-Abteilung vor einem Regal mit 50 Sorten Joghurt. Vielleicht auch 100.
Wozu soviel Joghurt?
Ich denke an zu Hause und wünsche mir fünf. Aber die immer. Montags und auch im November.
Eine Frau läuft suchend an dem Regal entlang. Schließlich gibt sie entnervt auf und holt sich den weißbekittelten Abteilungsleiter heran.
Sie stellen fest, daß zwar der Heidelbeerjoghurt von Rätzli, Spätzli, Mätzli und Schnetzli da ist, aber der von Schnutzli fehlt.
Und im Angesicht von 50 oder 100 Sorten Joghurt sagt die Frau zu dem Mann, im besten Schweizerdeutsch natürlich:
"Und sonst haben Sie nichts?"
Da begann ich zu verstehen, wie der Terrorismus entstanden ist.

(1983)

HILFSWAFFE

Die Schweizer Messer sind weltbekannt.
Rot leuchten sie einem entgegen. Man kann diverse Hilfsmittel vom Schraubenzieher bis zur Schere herausklappen, auch Pinzette und Zahnstocher birgt der Messerrumpf.
Die sind unübertroffen!
Dachte ich.
In einem Geschäft sehe ich es dann: das Überlebensmesser!
Das ist nicht nur Machete, Säge und Lampe, sondern da geht es bis zu Skalpell und Schmerzampulle.
Eigentlich fehlt nur, daß man das Messer zum Flugzeug und Boot ausklappen kann.
Aber das fällt den Schweizern auch noch ein.

TEMPERAMENT

Eine Ahnung vom südländischen Temperament bekam ich in Locarno. Die Autos fuhren, als würden sie alle von der Polizei verfolgt.
Auch daran kann man sich gewöhnen.
Kommt eins normal daher, glaubt man, es ist kaputt.

ALTERNATIV

Die Schweizer haben alles im Überfluß.
Auch Landschaft. Und die herrlichen Dörfer!
In die ziehen sich stadtmüde Menschen zurück. Und leben alternativ.
Mein Freund erzählte mir von einer Familie, die sich Schafe hält. Damit sie (die Schafe!) das beste Futter bekommen, fährt sie (die Familie) kilometerweit mit dem Auto zu besonders fetten Wiesen mit erlesenen Hälmlein und Blümlein, denn für die glücklichen Schafe daheim ist ihr das Beste gerade gut genug.
So alternativ leben die.
Und der selbstgemachte Wein gluckst dazu.

KEINE AHNUNG

Als ich das erstemal bei MacDonalds war, kaufte ich mir eine kleine Milchpackung.
Rechteckig, platzsparend, transportfreundlich.
Ich nahm mir einen Strohhalm, der bei uns Plastetrinkröhrchen heißt, weil er seit ewigen Zeiten nicht mehr aus Stroh besteht, aber trotzdem von den Älteren noch so genannt wird.
Am Tisch versuchte ich, das Röhrchen durch die dafür vergesehene Stelle an der Verpackung zu drücken. Ein konfettigroßes Alufolienstück war zu sehen.
Für den Halm.War doch klar. Aber ich kriegte das Röhrchen nicht durch!
War ich denn zu blöd!? Ich denke, im Westen klappt alles!
MacDonalds jedenfalls versagte auf der ganzen Halmlinie! Die vorgestanzten Stellen waren kleiner als der Durchmesser der Trinkröhrchen!
Bei einem Rundblick sah ich, daß mich noch niemand in meinem Dilemma ertappt hatte. Mein Durst wurde auch nicht geringer! Schließlich wendete ich Gewalt an, und mit einem Knick war der Halm hin. Nun fingerte ich an der Packung herum, um eine Stelle zu finden, wo ich ein Loch hineinreißen könnte. Meine Finger stießen auf eine Folie.Unten war ein kleines Trinkröhrchen an die Verpakkung geschweißt. An einem Ende abgeschrägt. Mit ssssst sauste es durch die Folie. So ist das, wenn man aus einem Entwicklungsland kommt.

BONNER PENNER

An der Post in Bonn lehnte ein Mann mit einer großen Flasche in der Hand. Einige Zeit später kam er mir auf dem Marktplatz der Stadt entgegen. In seinem abgeschabten Jackett, unrasiert, schwankte er auf mich zu und hielt mir eine Plastesparbüchse mit einer aufgedruckten Bankwerbung entgegen:
"Ich muß das Ding endlich mal loswerden. Nehmen Sie es für Ihre Kinder."
"Und warum sparen Sie nicht?"
"Ich laß die Dinger herstellen. Ich bin der Direktor der Bank."

EINE GEWAGTE SACHE

In Hannover ist es passiert. Ich trug mich zum ersten Mal mit dem Gedanken, in ein Sex-Kino zu gehen. Natürlich nur, um mitreden zu können!
Ich schleiche zunächst eine Weile um das Kino herum. Wenn dich jemand sieht! Aber wer soll mich denn sehen, schließlich kennt mich hier keiner. Trotzdem bleibt so ein komisches Gefühl, daß einer guckt: Sieh an, der Lange, geht auch ins Porno-Kino! Der alte Lustmolch!
Ich nähere mich dem Eingang. Nicht für Jugendliche unter 18 Jahren. Nun, das Problem habe ich nicht, schließlich hab ich die Vierzig schon überschritten, und es wird höchste Zeit, sich so eine Schweinerei mal anzugucken. Man will ja schließlich mitreden können.
Ich gehe zur Kasse, da sitzt eine völlig normale Frau, kein aufgetakeltes Sexpüppchen, die einen verheißungsvoll anblinzelt, nein, dort sitzt eine schlichte Mutter, die genauso gut Rasierwasser oder Bananen verkaufen könnte.
Mit leicht belegter Stimme verlange ich eine Karte. Sie schiebt sie mir rüber wie eine Banane. Ich muß für die billigste Karte 13,- DM hinblättern, und da klopft schon wieder das Gewissen ans Tor. Mensch, was du für die 13,- DM deiner lieben Frau oder deinem braven Sohn mitbringen könntest!
Es sind drei verschiedene Kinos, und ich muß in den Keller hinabsteigen. Ein Mann steht an einer Art Schalter oder Tresen, und der sieht wirklich etwas mafiamäs-

sig aus, da täuschen auch Schlips und Kragen nicht darüber hinweg. Der hat bestimmt nicht nur Filme laufen.
"Wünschen Sie ein Getränk?"
Den Film kann ich wahrscheinlich nur mit einem Bier überstehen.
"Ein Bier bitte."
Er reicht mir die Dose in einem rechteckigen Körbchen aus Metall. Ich meine, ich brauche kein Körbchen, ich kann doch die Dose so nehmen. Während er mir erklärt, daß man dieses Körbchen an die Rückwand des Sitzes einhängt, denkt er vermutlich, aha, der Vater traut sich was, zum ersten Mal im Sex-Kino.
"Ihren Bon, bitte."
Was denn für einen Bon? Ach ja, da bekam ich an der Kasse noch ein Kärtchen wie bei uns im Kino zum Sonderprogramm. Das ist der Getränkebon. Was heißt also: "Wünschen Sie ein Getränk?" Das steht mir zu! Nun habe ich in der einen Hand das Körbchen, in der anderen zwei Plastetüten und fange an, hektisch herumzukramen. Nun sagt er auch noch "Ruhig Blut, wir werden das Zettelchen schon finden!" Was heißt hier "wir"!? Ich laß mir doch von diesem Supermafioso nicht in meinen Taschen rumwühlen!
Endlich finde ich den Bon, mir ist inzwischen, früher als erwartet, heiß geworden.
Nun aber rein ins Vergnügen!
Das erste, was ich sehe, als ich das Kino betrete, ist überhaupt nichts. Es ist sündhaft dunkel, daß ich nicht mal eine Parkettreihe entdecke. So stehe ich eine Weile mit Körbchen und Tütchen, während links hinter einem Vorhang wildes Stöhnen tönt. Wie bei "je t'aime", jenem anrüchigen Lied, das seinerzeit die Hitparaden

stürmte. Damals hatte ich einen Bekannten, der noch keine sexuellen Erfahrungen besaß, und dem konnten wir glaubhaft versichern, daß es sich bei diesem Lied um die Geschichte eines Ehepaares handelt, das einen schweren Schrank die Treppe hochastet und deshalb so schwer atmet...

Dann taste ich mich endlich in eine Reihe und sehe wilde verschlungene Leiber auf der Leinwand.

Nach einigen Schwierigkeiten habe ich mein Handgepäck geordnet, hänge das Körbchen an den Rücken des vorderen Sitzes. Daneben entdecke ich eine runde Vertiefung, genau die richtige Größe für die Bierdose. Ich frage mich, wozu dann das Körbchen ausgegeben wird. Plötzlich blitzt es neben mir auf.

Einige Sitze weiter hat ein Mann eine Zigarette angezündet. Ich begreife, daß meine Bierdose im Aschenbecher steht!

Über die drei Filme will ich das Bettuch der Nächstenliebe breiten, falls doch jemand unter 18 diese Geschichte liest. Nur so viel: Es ist unglaublich, wo alles was wie geht. Die würden auch einen Film über eine Kaufhallenkassiererin hinkriegen. Während der Arbeitszeit! "Liebe in der Kassenbox"! Oder im Bus: "Mein sexter Gang". Ein Busfahrer und sein Schalthebel. Verkehr im Verkehr!

Vorstellen könnte ich mir auch "... und der Zähler tickt dazu"! Der Gasmann war 'ne Frau! Ein Junggeselle wird abgelesen!

Merken Sie, wie ich nun mitreden kann!?

(1987)

WEIT WEG

Bei einer "Rondfaard" auf den Grachten von Amsterdam lerne ich einen sympathischen jungen Mann aus Münster kennen. Als ich ihn frage, ob er in der DDR Verwandte habe, antwortet er:
"Ja, in Danzig."

GEDÄCHTNIS

In der Zeit der deutschen Besetzung beschlagnahmte die Wehrmacht in den Niederlanden auch Fahrräder der Bevölkerung.
Ein schwerer Schlag für die Zweirad–Nation.
Wenn heute in einem Lokal ein älterer Holländer mit Deutschen in ein Streitgespräch gerät, dann kann es passieren, daß er als Einleitung sagt:
"Erst mein Fahrrad zurück!"

DER KLEINE UNTERSCHIED

Wenn in Amsterdam ein Auto in eine Gracht fällt, dann wird es natürlich gehoben, aber es kostet sehr viel Geld.
Bei einer Rundfahrt erfahre ich vom Stadtführer: "Befindet sich eine Person in dem Auto, dann ist es ein Notfall und kostet nichts."
Also: Wenn Sie mal in Amsterdam nahe einer Gracht parken müssen – immer jemand im Auto lassen.

MIT DEN AUGEN DES MANGELS

Als ich im März 1989 durch Israel fuhr und die Plantagen mit Südfrüchten sah, mußte ich zwanghaft daran denken, was es für die Bevölkerung der DDR bedeuten würde, hier das Fallobst auflesen zu dürfen.

STRASSENBEKANNTSCHAFT

Als ich zum ersten Mal mit dem Bus ins Zentrum von Tel Aviv fuhr, hatte ich mir auf der Dizengoff-Straße, der Hauptverkehrsstraße der Stadt, benannt nach dem ersten Bürgermeister, einen Laden gemerkt, um die Stelle für die Rückfahrt wiederzufinden. Am Abend merkte ich dann, daß sich hier nicht, wie bei uns üblich, die Haltestelle in die andere Richtung zumeist gegenüber befindet. So mußte ich mich eine Weile durchfragen, um sie in einer Seitenstraße zu finden. Ich war froh, nach dem Trubel in der hektischen Stadt wieder in den ruhigen Vorort mit den herrlichen Gärten an den Häusern zu kommen. Doch es kam kein Bus.
Die Haltestelle daneben wurde unentwegt angefahren, aber an meiner Stange mit der 21 stand kein Mensch. Ich wurde unruhig und befürchtete, daß die Haltestelle nicht mehr bedient wurde. So fragte ich eine vorübergehende Frau in meinem spärlichen Englisch, ob denn mit dieser Buslinie alles okay wäre. Sie bejahte. Aber es war trotzdem kein Bus in Sicht.
Es dunkelte bereits. Dummerweise hatte ich den Stadtplan vergessen , wußte also nicht, wie ich sonst in den Randbezirk gelangen sollte, der immerhin eine knappe Dreiviertelstunde vom Zentrum entfernt war.
Schließlich kam eine alte Frau mit dem Mülleimer aus dem Haus. Ich bat wiederum um Auskunft wegen des Busses und fragte noch, ob sie vielleicht Deutsch verstünde. Natürlich, sagte sie, der Bus käme schon noch, der Fahrplan würde manchmal nicht eingehal-

ten. Beides beruhigte mich. Ich fragte, ob sie aus Deutschland stamme.
Ja, aus Halberstadt.
Mir fielen sofort die Halberstädter Würstchen ein, und ich sagte es ihr. Wir lachten in Tel Aviv an diesem warmen Märzabend über die Gemeinsamkeit, daß wir wußten, was das ist. Und es wäre jetzt auch die richtige Zeit für solch – leider nicht koscheres – Würstchen.
Sie ist 1935 aus Halberstadt weg. "Da waren Sie noch gar nicht geboren, als ich meine Heimat verließ." Ja, sie war wieder einmal in Halberstadt, hat dort Freunde, will auch wieder hinfahren. Sie wunderte sich, daß ich aus der DDR nach hier und ehemalige Leipziger besuchen kann und ... dann kam leider mein Bus.

MEINE ISRAELISCHEN DEUTSCHEN BÜCHER

Stirbt in Israel ein Jude deutscher Herkunft, dann landen seine Bücher im günstigsten Falle im Antiquariat. Seine Kinder, die "Sabras" – so nennt man die im Land Geborenen – ,können kaum damit etwas anfangen. Vielen ist die deutsche Kultur zu fern, und sie verstehen auch nicht, warum die Eltern an ihrem Herkunftsland hängen. Nach alldem...

In den Antiquariaten des Landes stehen die Neuerscheinungen der Weimarer Republik. In jener Zeit wurde der Lebenslauf der Besitzer jäh unterbrochen. Ob überlegte oder hastige Flucht: Bücher gingen zumeist mit auf die Reise. Da verzichtete mancher auf Silberbestecke zugunsten von Büchern.

Den Bänden ist anzusehen, daß sie kein beschauliches Bücherschrankdasein führten. In Kisten oder Koffern begleiteten sie die Auswanderer und Fliehenden. Und wenn es nur eine Tasche war: Platz für ein Inselbändchen fand sich immer...

In diesen Büchern wurde im Zug bis zur Grenze gelesen, um Gelassenheit vorzutäuschen und die Nervosität zu kaschieren. Bei genauerem Beobachten fiel dem Reisenden gegenüber vielleicht auf, daß der Leser sein Buch gar nicht umblätterte...

In keinem Antiquariat sah ich bisher so viele zerlesene bibliophile Perlen wie in Israel. Und sind sie auch nicht gut erhalten – die Bücher werden angekauft und finden ihre Käufer.

Sie standen einmal in einem Münchner oder Dresdner

Schaufenster, wurden in Braunschweig oder Chemnitz aus einem Regal genommen. Hin und wieder gibt eins seine Herkunft preis: Eugen Hütter in Heidelberg, am Ludwigsplatz 12 – so vermerkt es das eingeklebte Etikett der Buchhandlung bei Tucholskys "Rheinsberg, ein Bilderbuch für Verliebte". Die Erstausgabe vom Axel Juncker Verlag steht nun in meinem Leipziger Bücherschrank. Eva Kamnitzer besaß dieses Buch, und vielleicht war sie auch einmal unheimlich in ein "Wölfchen" verliebt...
Unerwartet sehe ich mich immer in Israel den Zeugen einer anderen Kultur gegenüber. Auf einem Basar in Jaffa, inmitten des puren Orients, zwischen Gerümpel der nichtsnutzigsten Art, fällt mir ein Buch von Alfred Kerr in die Hände. Als der Araber mein Interesse an dem lädierten Buch entdeckt, wird es zusehends teurer, und so liegt es noch heute in der prallen Sonne in einem Pappkarton. Das eingeklebte Exlibris wies Walter Weidenfeld als früheren Eigentümer aus.
In der Ben Jehuda Street in Tel Aviv kaufe ich eine reich bebilderte 200-Seiten-Broschur im A-4-Format: "Hermann Tietz – Größter Warenhaus-Konzern im Eigenbesitz". Auf der ersten Seite steht mit Bleistift "November 1928", im Buch liegen Prospekte, Modezeichnungen und Fotos. Auf einem sind diverse Schönheiten versammelt, der angeklebte Text informiert: "Das Badekostüm im Wandel der Zeit – Das bekannte Warenhaus Tietz veranstaltete gestern in seinem Modesalon eine Modenschau, die in wirkungsvoller Art den Wandel des Badekostüms im Laufe der Zeit veranschaulicht."
Im Inhaltsverzeichnis befindet sich neben dem Beitrag von Dipl.-Handelslehrer A. Waldmann ein Kreuz. Vielleicht war er der Besitzer des Buches.

Ein anderes meiner israelischen Bücher:
"Auch ich muß meinen Rucksack selber tragen!
Der Rucksack wächst. Der Rücken wird nicht breiter.
Zusammenfassend läßt sich etwa sagen:
'Ich kam zur Welt und lebe trotzdem weiter' ".

Erinnern Sie sich an jenen "Kurzgefaßten Lebenslauf"? 1930 erschien der Text bei der Deutschen Verlags-Anstalt Stuttgart/Berlin in dem Band "Ein Mann gibt Auskunft". Jener, der Auskunft gab, und der Zeichner des Buches hießen beide mit Vornamen Erich und lernten sich in einer Leipziger Zeitungsredaktion kennen: Kästner und Ohser. Was? Ohser kennen Sie nicht? Sie kennen ihn zumindest als E. O. Plauen, den unvergeßlichen Schöpfer der "Vater & Sohn"-Witzserien, der ein Opfer der Nationalsozialisten wurde...

Die gut bestückten Regale mit deutschen Büchern nehmen mich gefangen. Ein Blick durchs Fenster belehrt mich, wo ich bin. Kästner und Palmen...

In Jerusalem lebt und arbeitet der letzte seiner Gilde: Books Stein. Der alte Stein aus Frankfurt/Main.

Ich lerne ihn an einem kühlen Apriltag kennen. Es hatte sogar etwas geschneit! In Jerusalem! Das war vor 150 Jahren zum letzten Mal passiert! Neben seinem Schreibtisch steht ein kleiner Elektro-Ofen. Ich erzähle ihm, daß ich aus Leipzig bin.

"Gibt es noch die Buchmesse? Ist sie noch so bedeutend? Und der Insel Verlag, ist er noch in Leipzig ansässig?"

Er zeigt mir Bücher dieses Verlages, die aus seinen besten Zeiten stammen. Überhaupt sind viele seltene Verlagshäuser beim alten Stein vertreten: die Schocken Bücherei, der Kurt Wolff Verlag aus Leipzig, Verlag die Schmiede ... und, und...

Diese Bücher haben die Welt gesehen! In einem Band, der in Leipzig erschien, ist eine New Yorker Adresse eingestempelt. In Jerusalem halte ich ihn in der Hand! Immer wieder die Großen des Jahrhunderts: zum Beispiel Hesse, Kafka, Zweig, Werfel, die Manns, viele Schriften von Martin Buber und auch Marx – man will wissen, was er wollte. Schließlich war er Jude.
Und wieder Inselbändchen. Sie wurden geliebt! Von Hofmannsthal bis Rilke, vor allem Rilke. Kaum eins hat noch einen Rücken, viele sind stockfleckig.
In einem Tel Aviver Antiquariat in der King George finde ich ein Buch, das mich besonders freut: von Hans Reimann, dem Leipziger, die "Neuen Sächsischen Miniaturen". Mit Ilustrationen von Karl Holtz erschien es im Carl Reissner Verlag Dresden. Gewidmet hat es Reimann "Dem Menschen im Sachsen, dem Sachsen im Menschen"!
Mit schwarzer Tinte steht im Buch: "Herrn Caro in Freundschaft von dem auf Seite 88". Dort ist von zwei Ausländern die Rede. Reimann hat mit ihnen 1922 in der Leipziger "Weinklause", einem Cabaret, gearbeitet.
Ein Amerikaner und ein Italiener.
Mister McTups und Signor Miramelli.
Der erste war "the greatest musical imitator since the world", der zweite Zauberkünstler. Irgendwann sprachen die drei über Galizien, und Reimann erfuhr unter dem Siegel der Verschwiegenheit, daß beide von dort stammten, also Landsleute und Glaubensgenossen waren und nicht Ami und Italiener...
Aber wer hat die Widmung geschrieben?
McTups oder Miramelli?
Der Schreiber versteckte jedenfalls den Satz unter einer

Postkarte – vier Klebeecken sind akkurat im Buch befestigt. Und auf der Karte: Dr Geenij!
Unter diesem Titel schrieb Reimann ein ganzes Buch über Friedrich August III., König von Sachsen. Nun ist er also wieder hier angekommen und lächelt mich im heimatlichen Leipzig freundlich an.
Bücher haben eben Schicksale!
Schließlich kaufte ich ein Buch, das wohl kaum in einem deutschen Antiquariat noch auftaucht: Ostjüdische Volkslieder, von Alexander Eliasberg ausgewählt und in München bei Georg Müller erschienen. Auch hier verrät die Widmung die Herkunft: D 'dorf, 9.IV.19, Bereit sein – heißt bereiten (M. Buber), Erich Michalowski von Liese Horwitz.
Augenscheinlich war Erich Michalowski zur rechten Zeit bereit. Und Liese Horwitz?
Oder wurde aus ihr noch Liese Michalowski, und sie sind zusammen nach Palästina ausgewandert, haben sich aus dem Band vorgelesen?

Dain Harz mit mainer
Zusammen gebunden,
Un kejner weiß nit
Vun unsere Wunden!

NORMALER NACHMITTAG

uelle
Cigarren

MÜTTERCHEN RUSSLAND

Das Mütterchen mitten in Leipzig, das wollte ich immer schon mal erleben. Ich las in der "Union": "Anläßlich des 174. Jahrestages der Völkerschlacht zu Leipzig feiert am kommenden Sonntag, dem 18. Oktober, Seine Eminenz Metropolit Nikodim von Lwow und Ternopol gemeinsam mit Seiner Eminenz Erzbischof German von Berlin und Mitteleuropa, Exarch des Moskauer Patriarchen, in der Russischen Gedächtniskirche des heiligen Alexius die göttliche Liturgie."

Metropolit, so höre ich scherzen, ist wohl der Parteisekretär von der Untergrundbahn? ... Nichts für ungut, Eminenz! Sie können sich freuen! So viele haben sich freiwillig versammelt!

Zu Beginn stehen die beiden Popen am Eingang der Kirche auf kleinen Deckchen, auf die der Zarenadler gestickt ist. Das Interieur stammt schließlich aus dem Jahr 1913. Zur Einweihung standen die hohen Herrscher aus Rußland und Deutschland noch freundlich nebeneinander. Erst ein Jahr später ließen sie ihre Untertanen sich gegenseitig abschlachten.

In der Kirche läuft inzwischen eine perfekt ablaufende Zeremonie.

Unergründliche Schrittfolgen.

Schwingende Weihrauchgefäße.

Leuchter mit brennenden Kerzen werden über Kreuz in Richtung der Besucher geneigt.

Und immer wieder diese beeindruckenden liturgischen

Gesänge, die wir gern mit der russischen Seele gleichsetzen.
Ein ständiges Hin- und Herschweben der Eminenzen. Der einzige, der normal läuft, geradezu flink durch das Gotteshaus wieselt, ist der Kirchendiener. Er wirkt so, als habe der Regisseur vergessen, mit ihm zu arbeiten.
22.000 Russen ließen in der Völkerschlacht ihr Leben. Ihnen zum Gedächtnis entstand die Kirche. Auch in der Völkerschlacht hatte dieses Land die meisten Opfer. Was für ein riesiger Dom hätte für die zwanzig Millionen Opfer des zweiten Weltkrieges gebaut werden müssen!
Als Protestant bin ich das lange Stehen nicht gewöhnt. Da murren manche schon über unsere harten Kirchbänke, aber davon wagen die Orthodoxen gar nicht zu träumen! Ich mache also erstmal Pause und setze mich mit einer Bekannten auf eine Bank im nahegelegenen Park. Sie erzählt mir von Leuten, denen am ersten Mai ein selbstgeschriebenes Transparent mit der Aufschrift "Weiter auf dem Reformkurs von Gorbatschow!" weggenommen wurde.
Vor dem Gotteshaus putzt derweil der Eminenzenfahrer den Mercedes.
Im Erdgeschoß sperrt die Tür auf, und wir sehen im hinteren Raum eine festlich gedeckte Tafel im Stil der alten guten russischen Gastfreundschaft. Aber die Stadt hat auch an unsereins gedacht! Neben die Kirche haben die Handelsleute eine kleine – wie wir in gutem DDR-deutsch sagen – gastronomische Versorgungseinrichtung gerollt, die Bockwurst und heißen Tee feilbietet. Ich will nicht meckern, denn der Tee ist als kleine Verbeugung gegenüber den sowjetischen Besuchern zu verstehen, denn wo sonst gibt es im

Freien in Leipzig an einem Sonntag Tee!? Die Eminenzen machens möglich.
Die Besucher kommen die Treppe hinunter. Der Gottesdienst ist zu Ende. Ich gehe noch einmal in die Kirche und sehe mir die dunklen, schmerzensvollen Ikonen an. Dann kaufe ich eine Kerze und stifte sie Gorbatschow. Für alle Fälle.

(1987)

TOTENSONNTAG

Die Leute legen ihre Mienen an.
Gehen auf den friedlichsten Hof der Stadt.
Besuchen ihre Toten dort, wo nichts an sie erinnert.

VERFALL

In Meinsdorf, einige Kilometer von Jüterbog entfernt, gibt es einen kleinen Judenfriedhof. Eine Mauer, nicht sehr hoch, grenzt den Guten Ort ein. Es sind Steine, die hier auf den Feldern gefunden werden.
Daneben befindet sich der Friedhof für Christen und Heiden. Ein paar Schritte vom Judenfriedhof entfernt hat man einen Schweinestall gebaut.
Den Friedhöfen gegenüber ist ein Betrieb angesiedelt. Metallbehälter werden durch die Gegend gerumpelt.
Auch während der Trauerfeiern.
Früher, sagte mir ein Bewohner des Dorfes, als Kinder, sind wir bei Beerdigungen stehengeblieben und haben die Mützen abgenommen.

WARTERAUM ERDE

Die Juden warten auf den Messias.
Die Christen warten, daß der Messias wiederkommt.
Kein Zufall, daß ausgerechnet der getaufte jüdische Atheist Karl Marx dem Warten ein Ende machen wollte.
Und propagierte die Erlösung des Menschen durch den Menschen.
Und nun ist erst recht Warten angesagt.

Ohne Juden wären die Christen Heiden.

Wenn aber zwischen den Stühlen ein Sessel steht?

Zwickmühlen mahlen besonders langsam.

Außenseiter leiden innen.

VERDRÄNGUNG

Einen Journalisten aus Paris wollte ich ein wenig ärgern und sagte, es wäre erstaunlich, wie wenig Touristen aus Frankreich das Völkerschlachtdenkmal besuchten (Den Napoleonstein an der Tabaksmühle besichtigen sie und fahren dann schnell am Steinkoloß vorüber.).
Er hatte noch nie von einem Völkerschlachtdenkmal gehört.
Wer erinnert sich schon gern an Niederlagen...
Uns Sachsen traf es ja damals auch.
Napoleon machte es sich seinerzeit sehr einfach: Am 19. Oktober 1813 verabschiedete er sich im Königshaus am Markt vom sächsischen König. Im ersten Stock warf er unserem Herrscher ein schnelles "merci" hin, und das war's dann!
Ließ seine "tapferen Sachsen" im Chaos zurück!
Kein Franzose hat sich später gekümmert, was aus uns werden soll!
Es wird höchste Zeit, daß sie uns etwas unter die Arme greifen, sieht doch Klein-Paris heute noch aus wie kurz nach der Völkerschlacht!

Sichtbar haben sich unter der sozialistischen Fassade vor allem die Häuser verändert.

Es gibt Gebäude, die stehen und vergehen unter Denkmalschutz.

LEIPZIGER IMPRESSIONEN

Das Interhotel Merkur erhielt aus gutem Grund den Namen des Gottes der Händler und Diebe.

Der Brühl ist das international bekannte Pelzzentrum, wo sich jeden Abend die Füchse Gute Nacht sagen.

Das Alte Rathaus wurde durch den Übereifer der Aktivisten der ersten Stunde bereits von 1946 bis 1950 wieder aufgebaut.
So ist es dem Abriß entgangen.

Im Königshaus am Markt stiegen früher die hohen Gäste der Stadt ab. August der Starke feierte dort seine rauschenden Feste. Die Rechnung hatte der Rat der Stadt zu begleichen.
Können Sie sich heute noch so etwas vorstellen?

Das Universitätshochhaus: unser sozialistisches Empire statt Bildung.

*Vom "Auerbachs Keller" führte ein unterirdischer Gang zur Universität. Damit die bezechten Professoren auf der Straße kein Aufsehen erregten.
Das bedeutet, daß früher die Gelehrten nach dem Genuß von Alkohol an ihre Arbeitsstätten zurückkehrten!*

*Der Bayrische Bahnhof ist der älteste Kopfbahnhof der Welt. 1841 erbaut. Im Krieg teilweise zerstört. Dort kam einmal Karl Marx mit seiner Tochter an.
Dadurch blieb uns der Rest erhalten.*

Die Hainstraße ist eine der ältesten Straßen Leipzigs. Das sieht man sofort.

UTOPIE

Im April 1945 befreiten die Amerikaner Leipzig. Ich stellte mir mal (im Jahre 1988!) vor – die wären dageblieben. Was wäre, wenn? Unternehmen wir eine Sightseeing-Tour!

In der Westhalle des Hauptbahnhofes führen Rolltreppen zur U-Bahn. Auf dem Querbahnsteig reiht sich Laden an Laden: Souvenirs, Südfrüchte, Zeitungen, Bücher, Textilien. An der Tür hängt ein Schild: Wir melden jeden Ladendiebstahl der Polizei!

Daneben kleine Kneipen, Buffets: Dosenbier der Brauereien Riebeck, Ullrich, Ermisch. Zwei Türken leeren die Abfallkörbe.

Im Pornokino in der Osthalle spielen sie: "In Sachsen, wo die schärfsten Mädchen wachsen!" Es geht um die "sexischen Abenteuer" zweier Freunde auf der Leipziger Messe. Durch den Lautsprecher wird der Intercity Chemnitz – Leipzig angesagt.

Vor dem Bahnhof Rolltreppen zu einem Shopping-Center. Alles sündhaft teuer. Billig ist es in Leipzig vor allem bei C & A in der Petersstraße und bei ALDI am Brühl. Dort kaufen auch die Gastarbeiter.

Wahrzeichen der Messestadt sind die Hochhäuser: Allgemeine Deutsche Credit-Anstalt, Dresdner Bank, Communalbank für Sachsen, Deutsche Bank... Der größte Wolkenkratzer ist ein Versicherungsgebäude: Alte Leipziger – für Hab und Gut.

In der Wintergartenstraße Striptease-Lokale, Peep-Shows, ein Eros-Center: die Lustmeile der Leipziger.

Dicht daneben, zwischen Hotel Stadt Rom und dem Krystallpalast, die Drogenszene.
Wir laufen am Café Reichskanzler vorbei. Hier schließt sich der Brühl an – ein Zentrum der europäischen Mode und des Luxus. Dann gehen wir weiter zum Augustusplatz. An der Universitätskirche rufen Plakate zur Unterstützung der Dritten Welt auf, für einen Aktionssonntag wird geworben. Aus dem benachbarten Café Felsche kommen zwei gestylte, schmuckbehängte Damen. Sie betrachten die unglaubliche Vielfalt der Sträuße und Gebinde bei Blumen-Hanisch. Anschließend promenieren die beiden über die Grimmaische Straße und verweilen vor der Nobel-Boutique im Königshaus.
Leipzig ist eine sehr reiche Stadt.
So etwa würde Leipzig sein, wenn die Amerikaner geblieben wären.
Und wie sieht's nun heute aus?

ALLES ZUFALL!

Bleiben wir einmal dabei, wie zufällig alles im Nachkriegsdeutschland gelaufen ist. Spinnen wir es noch ein Stückchen weiter! Es hätte noch ganz anders kommen können! Stellen sie sich vor, die Russen wären im Westen, die westlichen Alliierten im Osten gewesen!

So gäbe es im Westen eine große DDR und im Osten eine kleine Bundesrepublik!

Können Sie mir folgen?

Nehmen wir weiterhin an, im Herbst 1989 hätte dort eine Revolution stattgefunden ... also ... im Westen ... wo die DDR ist ... dann wären wir u.a. Augenzeuge von folgenden Ereignissen geworden:

Die Insel Helgoland, Ferienplatz des Politbüros, kann wieder von allen besucht werden.

Die Lübecker kaufen in den Geschäften erstmalig den städtischen Exportschlager Marzipan.

Im Bodensee werden die Unter-Wasser-Sperranlagen abgebaut.

Karl-Marx-Stadt erhält nach einer Abstimmung durch die Einwohner seinen alten Namen Trier zurück.

Die Deutsche Bank baut als erste in Frankfurt am Main.

Die HO-Gaststätte "Freundschaft" in München heißt ab sofort wieder "Hofbräuhaus"!

NORMALER NACHMITTAG

Zwischen zwei frischen Stücken Streuselkuchen pro Kopf plaudere ich mit meiner Frau in unserer Kaffeestunde über die pro-Kopf-Raketen auf dieser Erde.
Und daß unsere Welt damit bestückt ist wie dieser Kuchen mit Streuseln, fällt uns ein.
Und daß wir uns nicht verkrümeln können.

VERPASST!

Wenn ich gewußt hätte, daß aus der DDR nichts weiter wird, als die Bundesrepublik, da hätte ich auch vor zehn Jahren abhauen können!
Da wäre ich schon weiter!
Da hätte ich vielleicht schon eine Rolle in "Liebling Kreuzberg" gekriegt!
Als sächsischer Blumenverkäufer.

DYNAMISCH

Ich kenne einen Genossen, der im Januar 1990 aus der Partei ausgetreten ist.
Der hatte schon zwei GmbH's gegründet, da war bei dem der Muskelkater von der letzten Kampfgruppenübung noch gar nicht aus den Gliedern!

Wer mit sich kämpft, will auch nur gewinnen!

Risiko: mit dem Kopf Rückendeckung geben.

Nicht nur, daß die Helden müde sind – sie schlafen bereits.

Beim Aussprechen der Wahrheit überkommt ihn immer ein unbeschreibliches Schwindelgefühl.

Enttäuschung: Er dachte immer, Denunziant wäre etwas Besseres als Verräter.

VORSICHTSHALBER

Es war einmal ein Mann, der leitete so recht und schlecht einen großen Betrieb mit anderen Männern, die sich Bereichsleiter nannten. Einer hieß Parteisekretär.
Aus einer Zentrale in Berlin erhielten sie ihre Anweisungen, die sie nach unten durchstellten.
So ging es viele Jahre.
Dann kam der September 1989.
Der Mann empörte sich über Demonstranten und sagte, daß die Straße kein Platz wäre, um Probleme zu lösen! Sie mögen nur alle gut arbeiten!
Im Oktober siegten die Menschen auf den Straßen.
Im November schloß sich der Mann drei Tage in seinem Büro ein und war für niemanden erreichbar. Dann trat er aus dem Zimmer: ein überzeugter Anhänger der freien Marktwirtschaft!
Er fand Partner im anderen Teil des Landes. Die Bereichsleiter und der Parteisekretär hießen nun bald Gesellschafter.
Es gab wieder eine Zentrale mit Anweisungen, die sie nach unten durchstellten. Von den 500 Mitarbeitern wurden dreihundert entlassen.
Vorsichtshalber vor allem die ehemaligen Demonstranten.

Unsere Wirtschaft gleicht einem U-Boot, das auf Grund liegt.
Das muß man finden — und heben!!!

Früher mußten wir das "Kapital" bloß lesen, aber nun kommt's!

Die Bundestagsabgeordneten beweisen uns, daß man mit Diäten Fettlebe machen kann!

Wenn wir viele Dinge schon nicht zum Leben brauchen, müssen sie wenigstens mehrfach verpackt sein!

HILFREICH

Im Zentrum Leipzigs entdeckte ich einen Stand von ... drüben kann man ja nicht mehr sagen ... wir sind ja nun alle von hier ... also gut, von uns drüben, der warb mit folgender Schrift:
Die Revolution im Kleiderschrank!
Was mag das sein, dachte ich ... Aufstand der Motten!?
Beim näheren Betrachten stellte sich heraus, daß jemand einen Hosenbügel erfunden hat, bei dem man nicht bloß eine Hose aufhängen kann, sondern mehrere hintereinander! Als Vorteile wurden angepriesen: bessere Übersicht und 70 Prozent Platzeinsparung!
Also: Sollte der Tag kommen, an dem Sie Ihre gestiegene Miete nicht mehr bezahlen können und in eine kleinere Wohnung umziehen müssen, dann brauchen Sie auch kleinere Schränke und schon hilft Ihnen "die Revolution im Kleiderschrank" über das Gröbste hinweg!

ÜBERWÄLTIGEND

Aus meinem Vitaminbasar, in dem ich zwischen Rot- und Weißkraut wählen konnte, ist über Nacht ein Obst- und Gemüse-Center geworden.
Das Paar hinter der Ladentafel sucht sogar eine flexible Arbeitskraft!
Ich hätte nie geglaubt, daß die wissen, was das ist!
Und nun dieses Angebot!
Das Obst!
Das Gemüse!
Sie haben sogar Joghurts mit rechtsdrehender Milchsäure!!!

KARRIERE

In der DDR hatte er nur die Aufsicht.
In Deutschland avancierte er zum Aufsichtsrat.

ZEICHEN

An den Häuserwänden meiner Heimatstadt:
Hakenkreuze. SS-Runen. Jude verrecke. Rot Front verrecke.
Und diese Losung:
Deutschland Erwache
Auf zum Natzionalen Befreiungs Kampf!
Das wäre ja zu ertragen – wenn sie nur über unsere Rechtschreibung herfallen würden...

RÜCKBLICK

Das ist nicht neu:
Die Sieger der Revolution waren noch nie die Gewinner.

OBEN-LIED

Gehst du durch unsere Stadt
und bist hier nur Gast,
dann bist du manchmal platt.
Wirst gar ein Enthusiast!
Enttäuschung, die schmeckt fad,
drum geb ich dir den Rat:

Sieh nicht nach oben,
sieh zur Seite, sieh ganz weg!
Denn ganz da oben,
alles morsch auf jedem Fleck!
Und täglich bröckelt die Fassade ab.
Hoffnung auf Änderung, die war schon langsam
knapp.

Im Arzgebirg da drohm,
da war es einst so schön.
Da stand noch Boom an Boom
auf vielen steilen Höh´n.
Chemie kennt keine Grenze.
Da war´s mit Bäumen Sense!

Sieh nicht nach oben,
sieh zur Seite, sieh ganz weg!
Denn ganz da oben,
alles krank, auf jedem Fleck!
Und täglich fallen dort die Nadeln ab.
Hoffnung auf Änderung, die ist schon langsam knapp.

Seh ich den Himmel an,
da ist die Welt noch schön.
Da kommt der Mensch schlecht ran.
Da kann er nicht dran dreh´n.
"Doch im Ozon klafft schon ein Loch.
Du siehst, das kann er doch!"

Sieh nicht nach oben,
sieh zur Seite, sieh ganz weg!
Denn ganz da oben
gibt´s nun auch 'nen dunklen Fleck!
Ja, selbst da oben ist nun nicht mehr alles dicht.
Doch Glück für uns: Es ist weit weg. Wir sehn´s ja nicht!

FLOHMARKT

So viele ungelesne Bücher!
Auf einer Leine bunte Tücher.
Ein Heiliger blickt aus dem Rahmen
und segnet die, die hierher kamen.
Ein Junge weint um einen Hasen,
der ausgestopft im Grase steht.
Gleich daneben bunte Vasen,
und eine Uhr, die nicht mehr geht.
Zwei Klinken sehnen sich an Türen
und Gläser nach gezapften Bieren.
Ein Buddha, fett, feixt vor sich hin.
(Mein Onkel kommt mir in den Sinn!)
Und Ansichtskarten, Magazine
und gar von Elfenbein ein Knauf!
Ich kauf die alte Schreibmaschine
und schreibe all die Sachen auf!

BERNSTEIN IM HOF

Leonard Bernstein, der große Dirigent, ist da! In Leipzig!
Gegenüber dem Restaurant "Stadtpfeifer" stehen etwa hundert Menschen und verfolgen über Monitore das Konzert. Festlich angezogene Menschen, die bis zuletzt auf eine Karte hofften, zufällige Passanten, die diesen Durchgang als Abkürzung auf ihrem Nachhauseweg nutzen.
Sie stehen und blicken gebannt auf den Bildschirm, einige rauchen.
So gut sieht Bernstein außer den Musikern niemand im Konzertsaal. Bernstein tänzelt regelrecht. Wenn es nicht kitschig klingen würde, dann schriebe ich: "Seine Hände schweben manchmal wie Vögel".
Er dirigiert mit allem, was ihm zur Verfügung steht, nicht nur mit dem Taktstock, sondern auch mit der Brille und mit den Schultern. Irgendwo habe ich gehört, daß die Frauen Bernsteins Rücken sexy finden.
Er wiegt sich an manchen Stellen der Musik hin und her. Eine alte kleine Frau im grauen Mantel und roten Schal lächelt versonnen und tut es ihm nach.
Bernstein schwitzt, er nimmt kurz die Brille, wischt sich über die Stirn, alles während des Dirigierens, alles in fließenden Bewegungen.
Eine grell rothaarige Frau mit gestylter Gastspielfrisur zieht tief den Rauch ihrer Zigarette ein.
Das Beste geht dem Publikum verloren, es müßte hinter dem Orchester sitzen. Bernstein nimmt den Dirigenten-

stab als Geigenbogen und feuert so seine Violinspieler an. Nun schunkelt er sogar! Sitzt das Publikum noch ruhig auf den Stühlen?
Eine junge Frau in unserem Konzerthof hat Zahnschmerzen und hält sich den Schal an ihre Wange. Ein angetrunkenes Paar kommt in den Durchgang. Sie bleibt stehen, leicht schwankend, aber immerhin, er will sie weiterziehen, sie sträubt sich, haut ihm auf den Arm, so daß er allein und vor sich hinbrabbelnd den Platz verläßt.
Mein schönstes Konzert.

BLICK NACH VORN

Die Zukunft klopft ans Tor.
Wer getraut sich zu öffnen?

INHALT

ISBN 3-86151-013-8

1. Auflage 1991

Gestaltung und Satz: Thomas Liebscher
Druck und Binden: Leipziger Verlags- und Druckereigesellschaft mbH

Best.-Nr. 8210146
16.80 DM